IA FACILE

GUIDE COMPLET 2026

MAÎTRISEZ CHATGPT, CLAUDE & GEMINI

Par Samuel GRAVELY

IA FACILE — Guide complet 2026

ISBN-13 : 9798282446708

Édition révisée et augmentée — Janvier 2026

TABLE DES MATIÈRES

SAMUEL GRAVELY

Ressources pour aller plus loin

BIENVENUE !

Vous tenez entre vos mains un livre différent. Pas un manuel technique.

Pas un essai philosophique. Pas une dystopie futuriste.

Un guide pratique, accessible et… facile.

Oui, facile.

Comme vous, j'ai longtemps regardé l'intelligence artificielle de loin. Avec fascination, mais aussi avec une certaine appréhension. Ces technologies semblaient réservées aux experts, aux codeurs, aux visionnaires de la Silicon Valley.

Et pourtant…

L'IA est déjà là, autour de nous. Elle suggère notre prochain film sur Netflix, répond à nos questions via Siri, et optimise nos trajets quotidiens. Sans faire de bruit, elle s'est glissée dans notre quotidien.

Alors pourquoi tant de personnes se sentent-elles encore exclues de cette révolution ?

Peut-être parce qu'on nous a fait croire que l'IA était compliquée.

Qu'il fallait être un génie en mathématiques ou en informatique pour l'apprivoiser.

C'est faux.

Ce livre est né d'une conviction simple : l'intelligence artificielle peut être comprise et utilisée par tous. Par vous. Sans jargon technique, sans formules complexes, sans diplôme en informatique. Dans les pages qui suivent, je vous propose un voyage. Pas dans un futur l'ointain, mais dans votre présent. Vous découvrirez comment l'IA peut devenir votre alliée pour gagner du temps, stimuler votre créativité, organiser votre quotidien ou développer de nouvelles compétences.

Chapitre après chapitre, exemple après exemple, vous verrez l'IA différemment. Non plus comme une technologie intimidante, mais comme un outil à votre service. Un outil que vous pouvez comprendre et utiliser dès aujourd'hui.

J'ai écrit ce livre comme j'aurais aimé qu'on me l'explique : avec simplicité, avec des exemples concrets, avec des activités pratiques pour apprendre en faisant.

Car c'est en faisant que l'on comprend vraiment.

Alors, prêt à faire vos premiers pas ? L'IA n'est pas réservée aux autres. Elle est là pour vous. Et c'est facile. Vraiment.

Tournez la page. Votre voyage commence maintenant.

Samuel GRAVELY

CHAPITRE 1 — PETITE HISTOIRE DE L'INTELLIGENCE ARTIFICIELLE

Non, l'IA n'est pas née avec ChatGPT, Claude ou Gemini

Quand on parle d'intelligence artificielle aujourd'hui, on pense souvent à des robots qui parlent ou à des assistants virtuels comme ChatGPT, Claude ou Gemini.

Pourtant, l'IA existe depuis bien plus longtemps que vous ne le pensez.

Elle a une histoire riche, pleine de rêves, d'échecs, de surprises... et de progrès impressionnants.

Voici une petite plongée dans le passé, pour mieux comprendre le présent.

Les débuts : des idées... avant même les ordinateurs

L'idée de créer des machines "intelligentes" remonte à l'Antiquité !

Déjà, les Grecs imaginaient des statues animées et des automates.

Mais le mot "intelligence artificielle" n'apparaît qu'en 1956, lors d'une conférence scientifique aux États-Unis. Un chercheur nommé John McCarthy lance ce terme un peu fou : et si on faisait réfléchir les machines ?

À l'époque, les ordinateurs sont énormes, lents... et peu puissants.

Mais les rêves, eux, sont très ambitieux.

Les années 1960—1980 : des espoirs... et des limites

Dans les années 60, on tente de créer des programmes capables de jouer aux échecs, de comprendre des phrases simples ou de résoudre des énigmes logiques.

Ça marche... un peu.

Mais très vite, les chercheurs se rendent compte que le monde réel est beaucoup plus complexe que prévu. Les machines n'ont ni bon sens, ni intuition.

L'IA retombe alors dans ce qu'on appelle un "hiver de l'IA" : peu d'investissements, peu d'avancées.

Les années 2000—2020 : les données changent tout

Tout change avec trois ingrédients magiques :

- Des données en quantité (merci Internet et les smartphones)
- Des ordinateurs très puissants
- De nouvelles techniques comme le "deep learning"

D'un coup, les IA deviennent bien plus efficaces pour reconnaître des visages, traduire des textes, ou jouer à des jeux complexes comme Go ou Star Craft.

Des entreprises comme Google, Amazon ou Facebook s'en emparent. L'IA entre dans nos vies sans bruit.

Aujourd'hui : des IA qui parlent, dessinent, créent...

Depuis 2022, avec des outils comme ChatGPT, Claude ou Gemini, Midjourney ou Suno.ai, l'IA fait un saut géant : elle écrit, répond, illustre, compose de la musique...

On parle désormais de modèles de langage, d'IA générative ou de co-pilote numérique.

Et ce n'est que le début...

Le saviez-vous ?

Le tout premier programme considéré comme "intelligent" date de 1951. Il s'appelait "Draughts-playing program", et il savait jouer aux dames !

Conçu par Christopher Strachey, ce programme tournait sur un ordinateur géant à l'université de Manchester. À l'époque, il fallait plusieurs minutes pour faire un seul coup... mais cétait déjà une révolution.

En un coup d'œil : ce qu'il faut retenir

- L'idée d'une intelligence artificielle existe depuis très longtemps
- Le terme "IA" est né en 1956, bien avant Internet !
- Après des débuts hésitants, l'IA a progressé grâce aux données, à la

puissance des machines et à de nouvelles méthodes

- Aujourd'hui, l'IA est partout : dans nos téléphones, nos recherches,

nos contenus

- Et demain ? C'est à nous de décider comment l'utiliser

Activités pratiques pour s'initier

- Tapez "histoire de l'intelligence artificielle" sur YouTube et

regardez une vidéo courte (moins de 10 min). Résumez ce que vous avez retenu en 3 phrases.

- Discutez avec un proche : "À votre avis, qu'elle est la plus grande

invention liée à l'IA ?"

- Écrivez à ChatGPT, Claude ou Gemini : "Raconte-moi l'histoire de l'intelligence

artificielle comme si j'étais un enfant de 10 ans." Comparez avec ce chapitre !

CHAPITRE 2 — LES COULISSES DES IA COMME CHATGPT, CLAUDE OU GEMINI

Comment une machine peut-elle... comprendre et répondre ?

C'est la grande question.

Comment une IA comme ChatGPT, Claude ou Gemini peut-elle écrire un poème, répondre à une question, ou vous proposer un menu personnalisé ?

Ce n'est pas de la magie. C'est de la science... bien emballée.

Dans ce chapitre, on va ouvrir le capot pour comprendre, simplement, comment fonctionnent ces fameux modèles de langage.

D'abord, qu'est-ce qu'un "modèle de langage" ?

Un modèle de langage est un programme informatique qui a appris à prédire... les mots.

Concrètement ? Il lit des milliards de textes (livres, articles, pages web) et apprend comment les mots s'enchaînent.

Puis, quand vous lui posez une question, il essaie de deviner la suite la plus logique.

C'est tout ? Oui. Mais c'est très, très puissant.

Comment il apprend ? Avec des milliards d'exemples

L'apprentissage se fait comme pour un enfant qui lit beaucoup :

- Il observe les mots souvent associés
- Il comprend les structures de phrases
- Il retient les tournures les plus probables

Mais contrairement à un enfant, il lit des milliards de phrases... très, très vite.

Une métaphore simple : le GPS des mots

Imaginez que vous tapez "Je voudrais un café bien..."

L'IA, comme un GPS, vous propose des suites possibles :

- "... chaud"
- "... serré"
- "... sucré"

Elle ne sait pas ce que vous pensez, mais elle devine ce que des millions de personnes ont écrit dans la même situation.

Est-ce qu'il comprend comme un humain ?

Non. ChatGPT, Claude ou Gemini ne pense pas. Il ne ressent rien. Il calcule.

Il ne comprend pas ce que vous dites au sens humain. Mais il est capable de produire une réponse cohérente, fluide et utile.

C'est ça, la force des modèles comme GPT : ils simulent une conversation... sans réellement penser.

Le saviez-vous ?

ChatGPT, Claude ou Gemini n'a ni yeux ni oreilles, mais il peut faire semblant d'être un pirate, un chef étoilé ou un professeur dhistoire... en quelques secondes ! Il a même réussi à passer des examens universitaires (et parfois avec de meilleures notes que les étudiants). Pas mal pour quelqu'un qui n'a jamais mis les pieds dans une salle de classe !

En un coup d'œil : ce qu'il faut retenir

- Un modèle comme ChatGPT, Claude ou Gemini est un géant de la prédiction de mots
- Il s'appuie sur ce qu'il a "lu" pour répondre à vos questions
- Il ne comprend pas comme un humain, mais il simule très bien la

conversation

- Plus vos questions sont claires, plus ses réponses sont bonnes

Activités pratiques pour s'initier

- Écrivez une phrase incomplète (ex. : "Demain, je vais à la...") et

demandez à ChatGPT, Claude ou Gemini de la finir. Puis testez d'autres variantes.

- Demandez-lui : "Comment vous sais ce que je voulez dire ?" et lisez sa

réponse.

- Essayez de le piéger avec une question ambigüe. Voyez comment il

réagit !

CHAPITRE 2.5 - COMPARAISON APPROFONDIE : CHATGPT VS CLAUDE VS GEMINI

Quel assistant IA choisir selon vos besoins ?

Maintenant que vous connaissez les trois grandes IA de 2026, vous vous demandez probablement : "Laquelle dois-je utiliser ?" La réponse dépend de ce que vous voulez faire. Voici un guide de comparaison détaillé.

Comparaison rapide : forces et faiblesses

ChatGPT (OpenAI)

Points forts :

- Polyvalence exceptionnelle : peut tout faire "assez bien"
- Très créatif pour le brainstorming et l'écriture
- Rapide dans ses réponses
- Grande bibliothèque de plugins et d'extensions
- Interface familière et intuitive

Points faibles :

- Date de coupure des connaissances (pas d'info en temps

réel en version gratuite)
- Peut manquer de profondeur sur des sujets complexes
- Tendance à être parfois trop concis

Meilleur pour : Rédaction créative, brainstorming, assistance code, questions générales

Claude (Anthropic)

Points forts :
- Excellentes analyses approfondies
- Capable de traiter des documents très longs
- Réponses nuancées et contextualisées
- Très bon pour le raisonnement complexe
- Éthique et sécurité prioritaires

Points faibles :
- Pas d'accès web en temps réel
- Interface moins connue que ChatGPT
- Peut être plus lent pour des tâches simples

Meilleur pour : Analyse de documents, écriture longue, recherche approfondie, révision de textes

Gemini (Google)

Points forts :
- Accès web en temps réel
- Intégration parfaite avec l'écosystème Google
- Excellent en recherche et vérification de faits
- Multimodal natif (texte, image, vidéo)
- Peut citer ses sources

Points faibles :
- Moins créatif que ChatGPT
- Parfois trop verbeux
- Dépendant de la connexion Internet

Meilleur pour : Recherche d'actualités, vérification de faits, intégration Google Workspace, multimodal

Tableau de décision pratique

Mon conseil : utilisez les trois !

Vous n'êtes pas obligé de choisir. La meilleure stratégie en 2026 est d'utiliser les trois selon le contexte :

- ChatGPT pour le quotidien : Votre assistant par défaut pour la majorité des tâches
- Claude pour l'exigeant : Quand vous avez besoin de qualité, de profondeur et de nuances
- Gemini pour l'actuel : Quand vous avez besoin d'informations récentes ou d'intégration Google

Astuce pro : la technique du "triple check"

Pour les décisions importantes, posez la même question aux trois IA et comparez leurs réponses. Vous obtiendrez :

- Trois perspectives différentes
- Une vision plus complète
- La détection de possibles erreurs ou biais

Prix et versions

ChatGPT

- Gratuit : ChatGPT-3.5 (légèrement dépassé)
- Plus (20€mois) : ChatGPT 5.2, images, navigation web
- Pro (200€mois) : ChatGPT 5.2, accès prioritaire

Claude

- Gratuit : Claude Sonnet 3
- Pro (18€mois) : Claude Sonnet 4.5, priorité, projets
- Team (25€moisutilisateur) : Collaboration

Gemini

- Gratuit : Gemini Pro
- Advanced (20€mois) : Gemini 3, intégration Google One
- Business (varie) : Intégration Workspace

En un coup d'œil : ce qu'il faut retenir

- Aucune IA n'est "la meilleure" en absolu : tout dépend de l'usage
- ChatGPT = polyvalence et créativité
- Claude = profondeur et analyse
- Gemini = actualité et écosystème Google
- La stratégie gagnante : utilisez les trois selon le besoin

Activités pratiques pour vous initier

- Test comparatif : Posez la même question aux trois IA. Exemple : "Écris-moi un email professionnel pour reporter une réunion". Comparez les styles.
- Spécialisation : Identifiez votre usage principal d'IA cette semaine. Quelle IA serait la plus adaptée ?
- Triple check : Pour votre prochaine décision importante, consultez les trois IA et notez leurs points communs et différences.

CHAPITRE 3 — L'IA AU QUOTIDIEN : DÉJÀ DANS NOS VIES

Et si vous utilisiez déjà l'IA sans le savoir ?

Ce chapitre répond à plusieurs questions essentielles :

- Est-ce que l'intelligence artificielle est vraiment déjà autour de

moi ?

- À quoi elle sert dans ma vie de tous les jours ?
- Pourquoi devrais-je my intéresser dès maintenant, même si je ne

suivez pas "technophile" ?

Accrochez-vous : vous êtes probablement déjà utilisateur d'IA… sans même le savoir !

L'IA dans une journée ordinaire

Imaginez une journée classique. Vous vous levez, attrapez votre téléphone. Vous dites :

" Dis Siri, qu'elle météo aujourd'hui ? "

Bingo ! L'intelligence artificielle entre en scène.

Ensuite, vous ouvrez votre appli préférée pour écouter de la musique :

Spotify vous propose exactement ce que vous aimez ? C'est encore l'IA.

Google Maps vous évite les embouteillages ? IA.

Netflix vous recommande une série pile dans vos goûts ? Toujours elle.

Et ce n'est que le début de la journée.

L'IA n'est pas un robot futuriste, c'est déjà un compagnon discret de votre quotidien.

Ces assistants qui nous simplifient la vie

On les appelle des assistants vocaux, recommandeurs ou systèmes intelligents, mais peu importe le nom : leur mission est simple —- vous faire gagner du temps.

Quelques exemples familiers :

- Siri Alexa Google Assistant : Ils répondent à vos questions, règlent vos alarmes, allument les lumières.
- Votre boîte mail : Gmail filtre les spams avec... de l'IA.
- Facebook Instagram TikTok : L'IA décide quels contenus vous

allez voir.

- Reconnaissance faciale sur votre smartphone : Eh oui, c'est

encore elle.

Le saviez-vous ?

Quand vous prenez une photo avec votre téléphone et que l'appareil ajuste automatiquement la luminosité, détecte un visage ou floute l'arrière-plan, vous utilisez une IA embarquée. Ce n'est pas de la magie, c'est de la technologie bien entraînée.

Pourquoi sy intéresser aujourd'hui ?

Parce que l'IA ne va pas disparaître : elle va devenir de plus en plus présente. Et mieux vous la comprenez, plus vous pouvez en tirer parti pour :

- Gagner du temps dans vos tâches quotidiennes
- Améliorer votre organisation, vos apprentissages, vos loisirs
- Développer votre créativité
- Garder le contrôle, au lieu de subir

En bref, l'IA n'est pas réservée aux ingénieurs ou aux grosses entreprises. Elle est là pour vous, et ce livre va vous montrer comment.

En un coup d'œil : ce qu'il faut retenir

- L'IA est déjà partout autour de vous, souvent sans que vous le

sachiez.

- Elle simplifie votre quotidien dans des domaines variés : météo,

musique, trajets, réseaux sociaux, photos, etc.

- Vous l'utilisez déjà ! Ce livre vous apprend maintenant à la

comprendre et à l'utiliser en conscience.

Exemples concrets de premières conversations réussies

Exemple 1 : Apprendre une nouvelle compétence Vous : "Je voudrais apprendre les bases de la photographie. Peux-tu mexpliquer le triangle d'exposition de manière simple ?"

ChatGPT : [Explication claire avec analogies]

Vous : "Merci ! Maintenant, peux-tu me donner 3 exercices pratiques pour mentraîner ce weekend ?"

Exemple 2 : Résoudre un problème pratique Vous : "J'ai une tache de vin rouge sur mon canapé en tissu beige. Que faire ?"

ChatGPT : [Étapes précises avec précautions]

Vous : "Et si je n'ai pas de produit détachant sous la main ?"

Exemple 3 : Améliorer un texte Vous : "Voici un email que j'ai écrit pour mon patron. Peux-tu le rendre plus professionnel sans perdre mon message : [texte]"

ChatGPT : [Version améliorée + explications des changements]

Modèles de prompts avancés pour 2026

Template 1 : Le prompt en 4 parties (MARC)

- Mission : Quel est le rôle de l'IA ? (Ex: "Tu es un coach sportif")
- Action : Que doit-elle faire ? (Ex: "Crée-moi un programme de musculation")
- Résultat : Quel format voulez-vous ? (Ex: "Sous forme de tableau avec exercices, séries et repos")
- Contexte : Infos pertinentes (Ex: "Je suis débutant, 30 ans, je veux prendre de la masse")

Template 2 : Le prompt itératif

- Demande initiale simple
- Affinage basé sur la réponse
- Demande de variantes
- Sélection finale

Exemple :

"Donne-moi 5 idées de noms pour mon blog de cuisine"

→ [Réponse]

"J'aime l'idée n°3, peux-tu me proposer 5 variations similaires ?"

→ [Réponse]

"Parfait ! Pour le nom n°2, génère-moi un slogan accrocheur"

Template 3 : Le prompt créatif avec contraintes

"Écris-moi [TYPE DE CONTENU] sur [SUJET] en respectant :

- Ton : [formelcasualhumoristique]
- Longueur : [nombre de mots]
- Public cible : [d'écrire]

- Éléments à inclure : [liste]
- Éléments à éviter : [liste]"

Activités pratiques pour s'initier

- Repérez l'IA autour de vous pendant une journée : Notez chaque

moment où une machine ou une appli semble "réfléchir" pour vous aider (suggestions, corrections, automatisations...).

- Demandez à votre assistant vocal une information simple : météo,

blague, info. Observez comment il répond.

- Sur YouTube ou Netflix, notez qu'elles recommandations vous sont

proposées. Imaginez : qu'elle logique l'IA a-t-elle suivie ?

CHAPITRE 4 — COMPRENDRE SANS ÊTRE EXPERT : LES BASES UTILES

L'essentiel à comprendre (sans mal de tête)

Dans ce chapitre, nous allons :

- Découvrir les grands types d'IA (sans jargon)
- Comprendre ce que sont les données, et pourquoi elles sont si

importantes

- Expliquer comment une IA "apprend", avec des analogies simples

Vous n'avez pas besoin d'un diplôme pour comprendre ces concepts. Vous avez juste besoin d'un peu de curiosité. Et ça, vous l'avez déjà !

Les grandes familles d'intelligence artificielle

Il existe plusieurs façons de classer l'IA, mais voici 3 types utiles à connaître :

1. L'IA symbolique (ou IA "classique")

Elle suit des règles écrites par des humains.

Exemple : si un feu est rouge, la voiture s'arrête.

2. Le machine learning (ou apprentissage automatique)

L'IA apprend à partir d'exemples, comme on la vu au Chapitre 4.

Elle analyse des données et en déduit ses propres règles.

3. Le deep learning (apprentissage "profond")

Une sous-catégorie du machine learning. Elle utilise des réseaux de neurones inspirés du cerveau humain.

C'est ce qui permet à ChatGPT, Claude ou Gemini de comprendre le langage, ou à une IA de reconnaître un visage sur une photo.

Les données : le carburant de l'IA

L'IA, c'est un peu comme un enfant qui apprend à parler :

Plus on lui parle, plus elle apprend.

Mais ici, les "paroles" sont remplacées par des données : textes, images, vidéos, clics, sons…

Sans données, une IA ne sait rien faire.

Exemple : Pour reconnaître un chat, elle a besoin de milliers d'images de chats. Plus elle en voit, plus elle devient précise.

Le saviez-vous ?

Un modèle comme ChatGPT, Claude ou Gemini a été entraîné sur des milliards de mots issus de livres, articles, sites web, dialogues…

Mais il ne retient pas tout : il apprend à reconnaître des modèles l'inguistiques, pas à mémoriser.

Comment l'IA "apprend" en 3 étapes (simples)

1. Elle observe

Des exemples : des photos de chiens, des phrases en français, des habitudes d'achat...

2. Elle détecte des motifs

Elle se rend compte que "chien" revient souvent avec des oreilles, une truffe, quatre pattes...

3. Elle fait des prédictions

Quand elle voit une nouvelle image, elle devine si c'est un chien.

Si elle se trompe, elle corrige son raisonnement. C'est l'apprentissage !

Et les réseaux de neurones, alors ?

Pas de panique : imagine des couches de filtres. Chaque couche repère quelque chose : la première voit les formes, la seconde voit les motifs, la troisième comprend le sens.

Une analogie simple :

Un réseau de neurones, c'est comme une équipe de détectives.

Chacun repère un détail, et tous travaillent ensemble pour deviner ce que vous cherchez.

En un coup d'œil : ce qu'il faut retenir

- Il existe plusieurs types d'IA, mais vous n'avez besoin que des grandes

lignes
- Les IA apprennent en observant beaucoup de données
- Elles ne "pensent" pas comme nous, mais elles détectent des

régularités et font des prédictions

Activités pratiques pour s'initier

- Regardez autour de vous et identifiez 3 moments où une IA

a

sûrement été "entraînée" (ex : suggestion Netflix, tri automatique de mails, reconnaissance faciale...).

- Posez une question à ChatGPT, Claude ou Gemini sur un sujet technique, puis

demandez-lui de vous l'expliquer comme à un enfant de 8 ans.

- Inventez un mini-jeu : donnez à ChatGPT, Claude ou Gemini une série de 10 mots

(dont 1 intrus) et demandez-lui de deviner lequel ne va pas.

Observez sa logique.

CHAPITRE 5 —
CHATGPT, CLAUDE
OU GEMINI :
VOTRE PREMIER
PAS DANS L'IA

Une IA qui vous parle (et qui vous comprend)

Dans ce chapitre, vous allez découvrir :

- Ce qu'est ChatGPT, Claude ou Gemini et à quoi il sert concrètement
- Comment y accéder facilement (même si vous êtes débutant)
- Comment réussir votre première conversation avec lui

Vous verrez : parler avec une IA peut être aussi naturel qu'écrire un SMS. Et même très utile !

ChatGPT, Claude ou Gemini, qu'est-ce que c'est ?

ChatGPT, Claude ou Gemini est un outil basé sur l'intelligence artificielle, créé pour répondre à vos questions, discuter avec vous, vous aider à écrire, organiser, expliquer... et bien plus encore.

En clair, c'est un assistant virtuel avec qui vous pouvez parler en langage naturel —- pas besoin de formules compliquées.

Concrètement, vous pouvez lui demander par exemple :

- "Aide-moi à rédiger un message d'anniversaire original."
- "pouvez-vous mexpliquer le réchauffement climatique simplement ?"
- "faites-moi une liste de courses équilibrée pour la semaine."

Et il répond. Immédiatement. Gentiment. Et souvent très bien !

Comment accéder à ChatGPT, Claude ou Gemini ?

C'est simple :

- Depuis un navigateur Internet :
- Rendez-vous sur https:chat.openai.com
- Créez un compte gratuitement (une adresse électronique suffit)
- Une fois connecté, vous pouvez discuter tout de suite
- Depuis une application mobile :
- Téléchargez l'application "ChatGPT, Claude ou Gemini" officielle sur Android ou iOS
- Connectez-vous avec vos identifiants
- C'est parti !

Le saviez-vous ?

GPT signifie Generative Pre-trained Transformer. Mais ne vous inquiétez pas : vous n'avez pas besoin de retenir ça. Ce qui compte, c'est que ChatGPT, Claude ou Gemini est formé à comprendre et produire du texte, comme un compagnon de discussion très futé.

Votre première conversation : conseils pour bien commencer

Quelques idées simples pour tester :

- "vous pouvez me raconter une blague gentille ?"
- "Comment cuisiner un plat rapide avec des œufs et du riz ?"
- "Donne-moi 3 astuces pour mieux dormir."

Il vous répondra immédiatement. Et si ce n'est pas parfait ? Vous pouvez lui dire :

→ "Sois plus court", "faites-le en langage simple", "Ajoute une touche dhumour"...

C'est ça la force de ChatGPT, Claude ou Gemini : vous pouvez affiner la réponse en continu, comme dans une vraie discussion.

Exemple concret : planifier un repas de famille :

> Vous : "J'organise un déjeuner dimanche pour 6 personnes. J'aimerais

> un menu simple, pas trop cher et sans gluten. vous pouvez maider ?"

> ChatGPT, Claude ou Gemini : "Bien sûr ! Voici une idée de menu : entrée : salade de

> lentilles aux herbes, plat : filet de poulet au citron avec légumes

> rôtis, dessert : compote maison aux pommes et poires..."

Et si vous ajoutez : "Je n'ai qu'un four et peu de temps", il adaptera la recette. Magique, non ?

En un coup d'œil : ce qu'il faut retenir

- ChatGPT, Claude ou Gemini est un outil gratuit et accessible à tous
- Il répond à vos questions, vous aide à écrire, à comprendre, à créer
- Pas besoin de connaissances techniques : il suffit d'écrire comme

à un ami

Activités pratiques pour s'initier

- Allez sur [chat.openai.com](https:chat.openai.com) et créez

un compte si ce n'est pas encore fait.

- Envoyez 3 messages différents à ChatGPT, Claude ou Gemini :
- Un pour obtenir un conseil pratique
- Un pour créer quelque chose (poème, menu, idée de cadeau...)
- Un pour lui poser une question "intelligente" sur un sujet que

vous aimez

- Notez les réponses et vos impressions : Était-ce clair ? Utile ?

Amusant ?

Essayez de reformuler votre message si la réponse ne vous convient pas.

CHAPITRE 6 — L'ART DE LA CONVERSATION AVEC LES IA

Parler à une IA, ça s'apprend !

Ce chapitre va répondre à des questions clés :

- Comment bien formuler ses demandes pour que l'IA comprenne mieux ?
- Pourquoi certaines réponses sont floues ou décevantes ?
- Comment améliorer facilement la qualité des échanges ?

L'objectif : transformer vos messages simples en dialogues puissants.

L'IA comprend mieux quand on lui parle clairement

ChatGPT, Claude ou Gemini est comme un assistant motivé, mais... il ne devine pas toujours ce que vous voulez dire. Plus votre demandez est claire, plus la réponse sera précise.

Exemple :

"Aide-moi à écrire un texte" → Trop vague.

"Aide-moi à écrire un texte drôle de 3 phrases pour souhaiter un anniversaire à un ami très gourmand" → Bingo !

Les 3 clés d'une bonne conversation avec une IA

1. Soyez spécifique

Indiquez le sujet, le votre, le format :

"Donne-moi une astuce rapide pour mieux dormir, avec une touche dhumour."

2. Donnez du contexte

Expliquez à qui ou pourquoi vous demandez :

"Je voulez un exemple de message pour un collègue que je connais peu, mais que je respecte."

3. Rebondissez comme dans une vraie conversation

Vous n'aimez pas la première réponse ? Dites-le :

"Sois plus concis", "Rends-le plus poétique", "Traduis-le en anglais"

Le saviez-vous ?

Les IA comme ChatGPT, Claude ou Gemini ne "pensent" pas, elles prédisent les mots les plus probables en fonction de votre demandez. Plus vous êtes clair et précis, plus leurs prédictions sont pertinentes.

Conversations réussies vs ratées

Conversation peu efficace	Conversation optimisée
"Faites-moi une lettre"	"Écris une lettre de motivation simple et professionnelle pour un poste de vendeur, sans expérience"
"Donne-moi une recette"	"Je cherche une recette végétarienne rapide avec des pois chiches et sans four"

"Aide-moi pour mon exposé"	"Pouvez-vous m'expliquer en 5 points simples le changement climatique, pour un exposé de niveau collège ?"

En un coup d'œil : ce qu'il faut retenir

- Une bonne question donne une bonne réponse
- Soyez spécifique, clair, et donnez du contexte
- Parlez à l'IA comme à un assistant intelligent mais un peu

distrait : plus vous êtes précis, mieux elle travaille

Activités pratiques pour s'initier

- Envoyez à ChatGPT, Claude ou Gemini une demandez floue, comme "Écris un poème".

Puis reformulez avec plus de détails : "Écris un poème drôle de 4 lignes sur le café du matin". Comparez.

- Choisissez un problème de votre journée (organisation, message à

envoyer, idée de repas...) et demandez-lui une solution, en ajoutant autant de contexte que possible.

- Faites une série de 3 échanges sur le même sujet : modifiez le

votre, le format ou le niveau de langage à chaque fois, et observez comment l'IA s'adapte.

CHAPITRE 7 — LES PROMPTS MAGIQUES POUR DÉBUTANTS

La formule secrète pour bien parler à une IA

Dans ce chapitre, vous allez découvrir :

- Ce qu'est un prompt et pourquoi il est si important
- Les ingrédients d'un bon prompt (même ultra simple)
- Des modèles de prompts que vous pouvez copier-coller dès maintenant

Un bon prompt, c'est comme une bonne question à un expert : plus elle est claire, plus la réponse est brillante.

Qu'est-ce qu'un "prompt" ?

Un prompt, c'est tout simplement ce que vous écrivez à l'IA pour quelle vous réponde.

C'est votre message, votre question, votre demandez. C'est la clé pour activer l'intelligence de ChatGPT, Claude ou Gemini.

Exemples de prompts :

- "expliquez-moi les panneaux solaires comme si j'étais en CM2"
- "Écris un mail pour annuler poliment un rendez-vous"

- "Propose un menu équilibré pour une famille de 4 personnes avec un

petit budget"

Le saviez-vous ?

Un bon prompt peut transformer ChatGPT, Claude ou Gemini en :

- Coach sportif
- Rédacteur web
- Cuisinier
- Prof de langues
- Conseiller en organisation
- Scénariste de film...

Tout dépend de ce que vous lui demandez !

Les ingrédients d'un bon prompt

Voici une recette simple pour créer un prompt efficace :

1. Une tâche claire

"Résume-moi ce texte en 5 lignes"

2. Un objectif ou un contexte

"... pour un exposé niveau collège"

3. Un votre ou un format souhaité (facultatif mais utile)

"... avec un style amusant et des emojis"

Exemple complet :

"Écris une lettre de motivation courte pour un job d'été dans une boulangerie, avec un votre poli mais chaleureux."

Modèles de prompts prêts à l'emploi

Voici quelques formules magiques à personnaliser :

Organisation :

"faites-moi un planning de révisions sur 7 jours pour apprendre

Création de contenu :

"Donne-moi 5 idées de vidéos TikTok sur le thème de [votre sujet], pour débutant."

Vie quotidienne :

"Propose une recette simple avec ce que j'ai dans mon frigo : œufs, tomates, riz."

Apprentissage :

"expliquez-moi la différence entre [concept A] et [concept B], en langage simple."

En un coup d'œil : ce qu'il faut retenir

- Le prompt, c'est le message que vous donnez à l'IA pour quelle

vous aide

- Plus il est clair, détaillé et contextualisé, meilleure sera la

réponse

- Vous pouvez copier, adapter, et perfectionner vos prompts au fil du

temps

Activités pratiques pour s'initier

- Choisissez une tâche simple à confier à l'IA (écrire un message,

résumer un article, planifier une journée). Formulez-la d'abord rapidement, puis améliorez-la en ajoutant du contexte et un votre.

- Testez le même prompt dans deux styles différents :
- "expliquez-moi les volcans comme à un adulte"
- "... puis comme à un enfant de 7 ans"

Comparez les résultats !

- Créez une "boîte à prompts" dans un document personnel : à

chaque fois qu'un prompt fonctionne bien, notez-le pour le réutiliser plus tard.

CHAPITRE 8 — L'IA QUI VOIT : COMMENT ELLE RECONNAÎT DES IMAGES ET OBJETS

Et si une machine pouvait "voir" comme nous ?

Quand vous ouvrez votre téléphone avec la reconnaissance faciale, que votre voiture détecte un piéton, ou que Google Photos vous propose toutes les photos de votre chien, une chose est à l'œuvre : la vision par ordinateur, ou Computer Vision.

Mais comment une IA "voit" une image ? Est-ce qu'elle comprend ce quelle regarde ? Peut-elle se tromper ? Dans ce chapitre, on va lever le voile sur ce super-pouvoir numérique qui change déjà notre quotidien.

Une image, pour une IA, ce ne sont que… des chiffres !

Avant tout, il faut savoir qu'une IA ne "voit" pas comme nous. Elle ne reconnaît ni les couleurs, ni les formes, ni les objets au premier regard. Elle voit une image comme une grille de chiffres.

Chaque pixel de l'image a une valeur (de 0 à 255), pour la luminosité ou la couleur. L'image est donc traduite en tableau numérique. C'est à partir de ce tableau que l'IA va "apprendre" à détecter des motifs.

Exemple :

- Pour reconnaître un chat, l'IA apprend à repérer certains

arrangements de formes, textures, proportions typiques : deux yeux, des oreilles pointues, une symétrie...

Mais elle ne "voit" pas le chat comme vous. Elle le déduit.

Comment apprend-elle à reconnaître un objet ?

Comme pour le langage, tout repose sur l'apprentissage par exemple. On lui montre des milliers, voire des millions d'images :

- Des photos avec chats, étiquetées "chat"
- D'autres avec chiens, étiquetées "chien"
- Etc.

Petit à petit, elle apprend à distinguer les différences et à reconnaître les bons "motifs visuels".

Ce type d'IA utilise souvent des réseaux de neurones convolutifs (CNN — Convolutional Neural Networks). Pas besoin de retenir le nom, mais voici l'idée :

Chaque "couche" du réseau détecte un niveau de détail :

- Une première couche repère les contours (lignes, formes simples)
- Un deuxième repère des motifs (oreilles, museau, roues...)
- Une dernière combine tout pour deviner ce qu'il y a dans l'image

À quoi ça sert aujourd'hui ?

La reconnaissance d'image est utilisée dans :

- Les smartphones (Face ID, tri automatique des photos)
- La sécurité (caméras intelligentes, détection d'intrus)
- La santé (analyse dIRM, détection de tumeurs)
- L'industrie (surveillance des défauts sur une chaîne de

production)

- Les voitures autonomes (lignes de route, panneaux, piétons)

Et aussi... pour s'amuser ! Comme les filtres Snapchat, les effets de réalité augmentée ou les générateurs d'images.

Le saviez-vous ?

Une IA peut reconnaître un objet... mais se tromper complètement si on modifie un seul pixel dans l'image ! Ce sont les "attaques adversariales", qui montrent que l'IA "voit" très différemment de nous.

C'est pourquoi on continuez d'entraîner et d'améliorer ces modèles, en leur montrant des images de plus en plus variées et complexes.

En un coup d'œil : ce qu'il faut retenir

- Une IA voit une image comme un tableau de chiffres, pas comme un

humain

- Elle apprend à reconnaître des objets en comparant des milliers

d'exemples

- Chaque "couche" de l'IA détecte un niveau d'information visuelle
- Ce système est utilisé dans de nombreux domaines : santé, sécurité,

transport, photo...

- Même si elle est très performante, l'IA peut se tromper. Elle

devine, elle ne comprend pas

Activités pratiques pour s'initier

- Test de reconnaissance : Allez sur un outil comme Google

Lens ou

l'appareil photo de votre smartphone. Scannez un objet et observez ce que l'IA "voit".

- Défi IA : Demandez à ChatGPT, Claude ou Gemini : "Comment pourrais-vous d'écrire

cette image si je vous dis qu'il y a une forêt, une tente et un feu de camp ?" Puis inversez les rôles : décrivez une image en mots, et demandez-lui de la "deviner".

- Créez une image générée : Utilisez DALL·E (ou autre IA d'image)

pour générer une image à partir de votre texte. Puis analysez comment l'IA interprète vos mots.

- Quiz vision IA : Demandez à ChatGPT, Claude ou Gemini de vous proposer 5 objets et

de vous poser des questions visuelles sur eux : "Quont en commun une ampoule, le soleil et une bougie ?"

CHAPITRE 9 — IA CRÉATIVE : ÉCRITURE, IMAGES ET MUSIQUE

Et si l'IA réveillait votre créativité ?

Dans ce chapitre, vous allez découvrir :

- Comment utiliser l'IA pour écrire, imaginer, illustrer, composer
- Des exemples concrets de projets créatifs assistés par IA
- Des outils simples pour l'ibérer votre imagination (même sans savoir

dessiner ou composer)

Spoiler : pas besoin d'être artiste pour créer avec l'IA. Il suffit d'avoir une idée, et l'IA vous donne un coup de pouce.

L'écriture assistée par IA : votre plume numérique

Vous avez une idée mais vous bloquez sur la formulation ? ChatGPT, Claude ou Gemini peut :

- Rédiger des textes (poèmes, articles, discours, messages…)
- Proposer des titres, résumés, slogans, descriptions
- Améliorer votre style ou corriger vos fautes

Exemple :

"Rédige un texte poétique de 4 lignes sur le coucher du soleil à la mer"

"Réécris cette description de produit pour la rendre plus persuasive"

Google Gemini : l'IA qui connaît le web

Lancé par Google, Gemini (anciennement Bard) est l'IA qui se distingue par son accès direct à l'information en temps réel. Contrairement à ChatGPT ou Claude qui ont une date de coupure des connaissances, Gemini peut rechercher sur Internet pendant qu'il vous répond.

Les points forts de Gemini

- Recherche web intégrée : Gemini peut vérifier des informations actuelles, chercher des sources, et citer ses références
- Intégration Google : Connexion directe avec Gmail, Google Drive, Maps, Calendar
- Multimodal avancé : Traite texte, images, vidéos et audio de manière native
- Gemini 3 : La version la plus puissante, capable de raisonnement complexe

Quand utiliser Gemini ?

Vous devriez privilégier Gemini pour :

- Rechercher des informations actuelles ou récentes
- Vérifier des faits avec des sources
- Travailler avec vos documents Google (Drive, Docs, Sheets)
- Analyser des images ou des vidéos
- Planifier des itinéraires ou des événements

Un exemple concret

Vous : "Quels sont les derniers développements en IA cette semaine ?"

Gemini : [Recherche en temps réel] "D'après les actualités de cette semaine, voici les principaux développements : 1) OpenAI a annoncé... [lien source], 2) Une nouvelle étude de Stanford montre... [lien source]..."

Vous voyez la différence ? Gemini peut accéder à l'info fraîche et citer ses sources, un avantage énorme pour rester à jour.

Claude (Anthropic) : l'IA pour les analyses approfondies

Claude, développé par Anthropic, est l'IA préférée des professionnels qui ont besoin d'analyses détaillées, de réponses longues et nuancées. En 2026, Claude Sonnet 4.5 se distingue par sa capacité à traiter des documents entiers et à maintenir une cohérence sur de très longues conversations.

Les points forts de Claude

- Réponses longues et structurées : Claude excelle dans l'analyse de documents longs (jusqu'à 200 000 mots)
- Sécurité et éthique : Conçu dès le départ pour être plus sûr et moins biaisé
- Contexte étendu : Peut "se souvenir" de conversations très longues sans perdre le fil
- Style naturel : Ses réponses sonnent particulièrement humaines et nuancées

Quand utiliser Claude ?

Claude est idéal pour :

- Analyser des documents professionnels (contrats, rapports, études)
- Rédiger du contenu long (articles, essais, chapitres de livre)
- Avoir des conversations approfondies sur des sujets complexes
- Réviser et améliorer vos textes avec subtilité
- Travailler sur des projets créatifs exigeants

Pourquoi les professionnels l'adorent

De nombreux avocats, chercheurs, écrivains et consultants préfèrent Claude pour sa capacité à :

- Comprendre les nuances et le contexte
- Fournir des analyses complètes sans raccourcis
- Maintenir un ton professionnel adapté
- Respecter les contraintes éthiques et l'égales

Le saviez-vous ?

De nombreux écrivains, blogueurs, auteurs de newsletters ou entrepreneurs utilisent déjà l'IA pour gagner du temps et trouver l'inspiration plus vite. L'IA ne remplace pas lhumain... elle le stimule.

Créer des images avec l'IA : dessiner avec les mots

Grâce à des outils comme DALL·E, Adobe Firefly, Canva AI, Bing Image Creator ou Midjourney, vous pouvez générer une image en décrivant ce que vous voulez voir.

Exemple de prompt visuel :

"Un chat astronaute assis sur une planète en fromage, style dessin animé"

Utilisations concrètes :

- Illustrations de blog ou d'ebook
- Cartes de vœux personnalisées
- Publications sur les réseaux sociaux

Composer de la musique avec l'IA : votre studio personnel

Des outils comme Soundraw, Suno.ai ou Boomy permettent de créer une musique originale en choisissant :

- Un style (pop, chill, épique...)
- Une ambiance (joyeuse, sombre, relaxante...)
- Une durée

L'IA compose et vous pouvez modifier à volonté.

Exemple :

"créez une ambiance musicale calme et inspirante pour une vidéo de relaxation"

Applications pratiques : mélanger vos idées à l'IA

1. Storytelling assisté

Vous voulez écrire une histoire pour un enfant ? Donnez le prénom, l'âge et quelques détails... l'IA fait le reste.

2. Logo ou visuel d'entreprise

Besoin d'une idée de logo ou d'un visuel ? Décrivez votre concept et testez une génération automatique.

3. Vidéo avec texte et musique générée

Combinez un script généré par ChatGPT, Claude ou Gemini + une voix off IA + une musique IA... et vous avez une mini-vidéo.

En un coup d'œil : ce qu'il faut retenir

- L'IA peut stimuler votre créativité, même si vous pensez ne pas

être "créatif"

- Vous pouvez écrire, illustrer, composer, raconter... en

collaboration avec elle

- L'important, c'est l'idée de départ : l'IA l'amplifie, mais ne

la remplace pas

Activités pratiques pour s'initier

- Écrivez un poème ou une chanson avec ChatGPT, Claude ou Gemini : donnez un thème,

un votre, une longueur. Modifiez à votre goût.

- Générez une image sur un sujet qui vous amuse : utilisez un outil gratuit (comme DALL·E via ChatGPT, Claude ou Gemini) et testez des variations.

- Composez une musique d'ambiance avec IA : testez un outil comme

Boomy ou Suno.ai et jouez avec les styles.

Études de cas réels : Comment l'IA change des vies

Cas 1 : Marie, professeure de français (42 ans)

Situation : Marie passait 2 heures par soir à corriger des copies et préparer ses cours.

Solution IA :

- Utilise Claude pour générer des grilles d'évaluation personnalisées
- ChatGPT l'aide à créer des exercices adaptés au niveau de chaque élève
- Gemini lui trouve des ressources pédagogiques actuelles

Résultat : Gain de 5 heures par semaine, qu'elle consacre maintenant à des activités plus créatives avec ses élèves.

Cas 2 : Thomas, artisan menuisier (35 ans)

Situation : Thomas rêvait de créer son site web mais n'avait aucune compétence technique.

Solution IA :

- ChatGPT lui a aidé à rédiger les textes du site
- A généré des idées de design
- Claude a révisé ses conditions générales de vente
- La guidé pas à pas dans la création avec des outils no-code

Résultat : Site professionnel en ligne en 2 semaines, +40% de demandes de devis.

Cas 3 : Sophie, retraitée (68 ans)

Situation : Sophie voulait écrire ses mémoires mais ne savait pas par où commencer.

Solution IA :

- ChatGPT la aidée à structurer son récit
- Claude a affiné son style d'écriture
- L'IA la encouragée chapitre après chapitre

Résultat : Livre de 200 pages terminé en 6 mois, partagé avec sa famille. Fierté immense !

Cas 4 : Karim, étudiant en droit (23 ans)

Situation : Préparation d'examen intensive, difficulté à retenir tous les concepts.

Solution IA :

- Claude résume ses cours en fiches synthétiques
- ChatGPT génère des quiz personnalisés
- Gemini vérifie la jurisprudence récente

Résultat : Mention très bien à ses examens, méthode de révision révolutionnée.

Cas 5 : Entreprise familiale (15 employés)

Situation : Gestion chronophage des emails clients, erreurs dans les réponses.

Solution IA :

- Utilisation d'IA pour trier les emails par urgence
- Suggestions de réponses automatiques (validées par un humain)
- Résumés quotidiens des demandes clients

Résultat : Temps de réponse divisé par 2, satisfaction client +25%, équipe moins stressée.

Ces exemples montrent que l'IA n'est pas réservée aux geeks. Vous aussi, vous pouvez transformer votre quotidien !

CHAPITRE 10 — IA PRATIQUE : RÉSOUDRE DES PROBLÈMES QUOTIDIENS

L'IA peut-elle vraiment maider au quotidien ?

Ce chapitre répond à des questions très concrètes :

- Comment utiliser l'IA pour morganiser, gagner du temps ou apprendre
- Peut-elle maider à faire mes courses, cuisiner, planifier, mieux

travailler ?

- Est-ce que ça fonctionne… même si je ne suivez pas à l'aise avec la

technologie ?

Oui. Et vous allez voir comment l'IA peut devenir un assistant personnel ultra polyvalent.

L'IA comme assistant personnel de poche

ChatGPT, Claude ou Gemini, c'est un peu comme avoir un(e) assistant(e) toujours disponible, 24h24, jamais fatigué, et prêt à vous simplifier la vie.

Quelques exemples concrets :

- Organisation : "faites-moi un planning de ménage sur 1 semaine

avec 30 minutes par jour max."

- Décision rapide : "Quel aspirateur choisir pour un petit

appartement avec un chat ?"

- Courses : "faites-moi une liste de courses équilibrée pour 4

personnes, petit budget, 3 repas par jour."

Le saviez-vous ?

Certains utilisent ChatGPT, Claude ou Gemini comme coach de productivité, conseiller parental, planificateur de voyages, aide aux devoirs ou assistant administratif. Il s'adapte à votre besoin du moment.

Des cas pratiques qui changent le quotidien

1. Préparer un repas avec ce qu'il reste dans le frigo

"Il me reste du riz, des œufs et des tomates. Donne-moi 2 idées de repas simples."

ChatGPT, Claude ou Gemini propose souvent :

- Riz sauté à l'œuf façon asiatique
- Omelette aux tomates accompagnée de riz poêlé

Bonus : il peut donner les recettes étape par étape.

2. Mieux apprendre, sans se surcharger

"expliquez-moi le principe du revenu universel en 5 points simples."

Il peut résumer, vulgariser, reformuler selon le niveau

(collégien, adulte, expert) et même proposer des quiz ou des fiches révision.

3. Planifier une journée chargée

"Organise ma journée entre 9h et 18h avec : 1h de sport, 2h de travail profond, 30min de repos, 1h pour les tâches ménagères."

Résultat : un planning optimisé avec conseils pour rester productif et motivé.

Et si on allait plus loin ? L'automatisation sans coder

Des outils comme Make, Zapier, ou IFTTT permettent de connecter des applications entre elles. Et grâce à l'IA, on peut

- Répondre automatiquement à des mails
- Publier un contenu généré sur les réseaux
- Créer un résumé automatique d'un document reçu

Tout cela... sans coder. Juste avec des scénarios simples à configurer.

En un coup d'œil : ce qu'il faut retenir

- L'IA peut vraiment simplifier votre quotidien : repas, emploi du

temps, apprentissage, décisions, organisation

- Elle s'adapte à vos contraintes et vos besoins réels
- Avec les bons outils, elle peut aussi automatiser des tâches

répétitives et vous faire gagner beaucoup de temps

Activités pratiques pour s'initier

- Demandez à ChatGPT, Claude ou Gemini de vous aider sur une tâche

simple aujourd'hui (dresser une liste, planifier votre soirée, organiser votre ménage, etc.).

- Décrivez-lui une contrainte personnelle : peu de temps, pas de

motivation, budget serré... et observez ses suggestions.

- Notez les moments de votre journée qui vous prennent du temps

inutilement. Demandez à ChatGPT, Claude ou Gemini comment les améliorer ou les automatiser.

CHAPITRE 11 — L'IA POUR APPRENDRE PLUS VITE ET MIEUX : LE COACH DE VOTRE CERVEAU

Et si l'IA devenait votre formateur personnel ?

Vous avez envie d'apprendre quelque chose de nouveau ? Une compétence pro ? Un sujet qui vous passionne ? Une langue étrangère ? La bonne nouvelle, c'est que vous n'êtes plus seul. L'intelligence artificielle peut devenir un partenaire d'apprentissage incroyablement efficace.

Pas besoin d'attendre un cours ou de chercher des heures sur Google.

L'IA peut vous expliquer, résumer, tester, adapter... comme un coach patient et motivé. Et tout ça, gratuitement ou presque.

Dans ce chapitre, on va voir comment utiliser l'IA pour apprendre... vraiment.

L'IA, un prof toujours dispo (et qui ne juge pas)

Avec ChatGPT, Claude ou Gemini ou d'autres IA éducatives,

vous pouvez poser toutes vos questions. Même celles qui vous semblent "bêtes". L'IA ne juge jamais.

Exemples :

- "expliquez-moi les bases de l'économie en langage simple."
- "Je voulez comprendre la Révolution française comme si j'avais 12

ans."

- "faites-moi un résumé du chapitre 3 de mon cours de droit, avec les

notions clés."

Elle reformule, vulgarise, s'adapte. Et vous pouvez redemander autant que vous voulez.

Créer ses propres supports pédagogiques

Vous préparez un examen, un oral, une présentation ? L'IA peut vous aider à :

- Résumer un cours dense
- Transformer un texte compliqué en fiche simple
- Générer des quiz pour s'entraîner
- Créer des cartes mémoire (flashcards)
- Proposer des cas pratiques ou des exemples concrets

Exemples à tester :

> "faites-moi une fiche de révision sur le système digestif en 10

> points."

> "Génère 5 QCM pour réviser les bases de la géométrie."

> "Propose-moi un exemple de mini-exposé sur les énergies renouvelables

> (niveau lycée)."

Apprendre à son rythme, en fonction de ses besoins

Tout le monde n'apprend pas de la même façon. L'IA peut

s'adapter :

- Vous êtes visuel ? Demandez des schémas.
- Vous préférez les histoires ? L'IA peut tout expliquer sous forme de

récit.

- Vous avez peu de temps ? Elle vous propose des micro-sessions

d'apprentissage en 5 minutes.

Vous pouvez aussi lui dire :

"faites-moi un plan d'apprentissage en 10 jours pour comprendre les bases du marketing."

"Organise une méthode simple pour apprendre Excel en 30 minutes par jour."

Le saviez-vous ?

Certaines écoles intègrent déjà l'IA dans leurs méthodes : les élèves reçoivent un contenu adapté à leur niveau et avancent à leur rythme. On appelle ça la "pédagogie adaptative".

Et ce n'est pas réservé aux enfants : de plus en plus d'adultes utilisent ChatGPT, Claude ou Gemini ou d'autres IA pour apprendre une compétence, se reconvertir, ou préparer un concours. L'IA démocratise l'accès à la formation continue.

En un coup d'œil : ce qu'il faut retenir

- L'IA peut vous accompagner dans tous vos apprentissages, quel que

soit votre âge

- Elle vous aide à résumer, expliquer, tester, structurer
- Elle s'adapte à votre rythme, vos préférences, vos contraintes
- Utilisée avec régularité, elle devient un véritable moteur de

progrès

Activités pratiques pour s'initier

- Mini-cours IA : Choisissez un sujet qui vous intrigue (la

photosynthèse, la comptabilité, l'histoire des civilisations...) et demandez à ChatGPT, Claude ou Gemini de l'expliquer en 5 points simples.

- Plan d'apprentissage personnalisé : Demandez-lui : "faites-moi un

programme pour apprendre les bases du montage vidéo sur 7 jours, 30 minutes par jour."

- Fiche + Quiz : Tapez un thème que vous révisez (ex : "les causes

de la Seconde Guerre mondiale"), et demandez : "faites-moi une fiche claire + 5 questions pour vérifier mes connaissances."

- Révision intelligente : Utilisez l'IA pour générer des cartes

mémoire (questions-réponses) et entraînez-vous comme avec un jeu.

CHAPITRE 12 — L'IA POUR GÉRER SON ARGENT : UN CONSEILLER FINANCIER DANS VOTRE POCHE

Et si l'IA vous aidait à mieux gérer votre budget ?

Parler d'argent n'est pas toujours simple. Gérer un budget, suivre ses dépenses, épargner, investir... Cela peut vite sembler compliqué ou rébarbatif. Et pourtant, avoir une bonne visibilité sur ses finances peut vraiment changer la vie.

Aujourd'hui, grâce à l'intelligence artificielle, vous pouvez obtenir une aide simple, rapide et personnalisée pour mieux gérer votre argent

—- sans être un expert en économie ou en comptabilité.

L'IA pour faire le point sur ses dépenses

Première étape pour mieux gérer son argent : savoir où il part. Avec l'aide de l'IA, vous pouvez analyser vos habitudes de dépense, repérer les postes trop élevés, et identifier des économies possibles.

Exemples de demandes à faire à une IA comme ChatGPT, Claude ou Gemini :

- "Aide-moi à classer mes dépenses mensuelles en catégories simples."
- "Voici mes dépenses cette semaine : [liste]. pouvez-vous men faire un

résumé ?"

- "Propose-moi un tableau de suivi budgétaire simple pour noter mes

entrées et sorties."

L'IA ne se contente pas de vous écouter : elle structure l'information, vous pose les bonnes questions, et vous aide à mieux voir.

Créer un budget réaliste et adapté à sa vie

Une IA peut vous aider à créer un budget sur mesure, selon vos revenus, vos charges fixes et vos objectifs.

> "Je gagne 1800 € par mois. Je paie 650 € de loyer, 100 € d'abonnement,

> et je voulez épargner 200 €. Aide-moi à répartir le reste de manière

> équilibrée."

L'IA vous propose alors un budget réaliste, avec des conseils pratiques.

Elle peut même vous rappeler quelques règles simples, comme la méthode 503020 (50% pour les besoins, 30% pour les envies, 20% pour l'épargne).

L'IA pour mieux épargner (sans se frustrer)

Vous voulez épargner mais vous ne savez pas par où commencer ? L'IA peut vous aider à définir un objectif clair et des moyens concrets pour y parvenir.

Exemples :

- "J'aimerais économiser 1000 € pour un voyage en 6 mois. Quel plan vous

proposes ?"

- "Propose-moi 3 méthodes d'épargne simples, adaptées à un budget

modeste."

- "Aide-moi à créer une règle d'épargne automatique dès que je reçois

mon salaire."

Petit à petit, l'IA vous apprend à automatiser certains comportements et à prendre de bonnes habitudes sans stress.

Le saviez-vous ?

Des applications de gestion financière comme Cleo, Yolt, Bankin ou Plum utilisent déjà des systèmes d'intelligence artificielle pour :

- Analyser vos comptes bancaires
- Prédire vos dépenses futures
- Identifier les abonnements oubliés
- Suggérer des économies intelligentes

Et certaines IA, comme ChatGPT, Claude ou Gemini, peuvent même jouer le rôle de coach financier personnel… sans avoir accès à vos données bancaires.

En un coup d'œil : ce qu'il faut retenir

- L'IA peut vous aider à mieux comprendre vos finances, sans jargon ni

jugement

- Elle vous guide pour suivre vos dépenses, établir un budget, fixer

des objectifs

- Elle propose des stratégies simples et personnalisées pour épargner

ou dépenser moins

- Vous restez maître à bord, mais avec un copilote intelligent

Activités pratiques pour s'initier

- Bilan rapide : Dressez une liste de toutes vos dépenses de la

semaine, et demandez à ChatGPT, Claude ou Gemini de les classer par catégories.

- Budget express : Décrivez vos revenus et vos charges men-suelles,

et demandez-lui : "créez un budget mensuel équilibré pour moi."

- Objectif épargne : Donnez-lui un projet (vacances, achat,

imprévu) et demandez : "Comment puis-je économiser [montant] en

- Détective des abonnements : Listez tous vos abonnements.

Demandez à l'IA : "Comment savoir lesquels je pourrais suppri-mer sans trop d'impact ?"

L'éthique et les précautions avec l'IA : ce qu'il faut absolument savoir

Les limites actuelles de l'IA (soyons honnêtes)

L'IA est impressionnante, mais elle n'est pas magique. Voici ses principales limites en 2026 :

4. Elle peut "halluciner"

C'est-à-dire inventer des faits qui semblent vrais mais sont faux.

- Exemple : Vous demandez la biographie d'une personne peu connue, l'IA peut inventer des détails.

- Précaution : Vérifiez toujours les faits importants, surtout les noms, dates, chiffres.

5. Elle n'a pas de conscience ni d'émotions réelles

L'IA simule l'empathie mais ne "ressent" rien.

- Elle peut dire "Je comprends votre tristesse" sans vraiment comprendre.
- Précaution : Ne remplacez pas les relations humaines par l'IA.

6. Elle reflète les biais de ses données d'entraînement

Si les textes sur lesquels elle a appris contenaient des stéréotypes, elle peut les reproduire.

- Exemple : Suggestions de métiers genrées (infirmière = femme, ingénieur = homme).
- Précaution : Restez critique, challengez les réponses.

7. Elle peut être manipulée

Des personnes mal intentionnées peuvent créer des contenus trompeurs avec l'IA.

- Deepfakes (vidéos truquées)
- Fausses nouvelles très crédibles
- Précaution : Croisez vos sources, soyez vigilant.

Les questions éthiques importantes

Propriété intellectuelle

- Qui possède un texte créé par IA ? Vous ? L'IA ? OpenAIGoogle ?
- En 2026, le cadre légal évolue encore.
- Conseil : Utilisez l'IA comme assistant, pas comme auteur unique.

Vie privée

- Les IA apprennent de vos conversations (selon les paramètres).
- Ne partagez JAMAIS d'informations sensibles (mots de

passe, n° de carte bancaire, données médicales).

- Conseil : Lisez les politiques de confidentialité, utilisez les modes "privés" quand disponibles.

Impact sur l'emploi

- Oui, certains métiers vont changer ou disparaître.
- Mais de nouveaux métiers apparaissent aussi.
- Conseil : Formez-vous continuellement, développez les compétences humaines (créativité, empathie, pensée critique).

Consommation énergétique

- Les IA consomment beaucoup d'énergie (data centers massifs).
- Question d'avenir : comment rendre l'IA plus écologique ?
- Conseil : Utilisez l'IA de façon raisonnée, pas pour tout et n'importe quoi.

Le code de bonne conduite de l'utilisateur d'IA

- Vérifiez les informations importantes : Ne prenez jamais les réponses de l'IA pour argent comptant sur des sujets critiques.
- Citez vos sources : Si vous publiez du contenu aidé par IA, soyez transparent.
- Protégez votre vie privée : Évitez de partager des données personnelles sensibles.
- Restez critique : L'IA est un outil, pas une autorité absolue.
- Utilisez l'IA pour augmenter, pas remplacer : L'IA doit vous aider à être meilleur, pas faire le travail à votre place sans réflexion.
- Respectez les autres : N'utilisez pas l'IA pour harceler, tromper ou nuire.
- Continuez à apprendre : Ne devenez pas dépendant de l'IA au point de ne plus réfléchir par vous-même.

Les red flags : quand NE PAS utiliser l'IA

⬜ Pour des diagnostics médicaux : Consultez un vrai médecin

⬜ Pour des conseils juridiques engageants : Consultez un avocat ⬜ Pour des décisions financières importantes : Consultez un conseiller ⬜ Pour des informations d'urgence : Appelez les services d'urgence ⬜ Pour créer des contenus malveillants : Évident, mais à rappeler

L'avenir de l'éthique IA

En 2026, plusieurs initiatives émergent :

- Labels "IA responsable" pour les entreprises
- Législations (AI Act européen, régulations américaines)
- Formations obligatoires dans certains secteurs
- Audits algorithmiques pour détecter les biais

Vous faites partie de cette transition. En utilisant l'IA de façon éthique et réfléchie, vous contribuez à un futur meilleur.

CHAPITRE 13 — VIVRE AVEC L'IA : QUESTIONS PRATIQUES

L'IA, oui... mais en gardant le contrôle

Dans ce chapitre, nous allons parler de ce qui préoccupe beaucoup de gens :

- Que fait l'IA de nos données personnelles ?
- Peut-elle mentir, ou nous induire en erreur ?
- Comment l'utiliser en conscience, sans tout déléguer ?

Pas de panique : il ne s'agit pas d'avoir peur, mais de comprendre pour mieux utiliser. Et de garder la main sur la machine, pas l'inverse.

Confidentialité et données personnelles : à quoi faut-il faire attention ?

Quand vous utilisez une IA comme ChatGPT, Claude ou Gemini, vos messages sont analysés par le système pour améliorer ses performances.

Ce que vous devez savoir :

- Ne partagez jamais d'informations sensibles (nom complet, numéro

de carte, identifiants...)

- Préférez des formulations anonymes : "Un ami a un problème" plutôt

que "Moi, avec mon dossier médical..."

- Certains outils permettent de désactiver lhistorique des

conversations

Le saviez-vous ?

Les grandes IA comme ChatGPT, Claude ou Gemini ne "mémorisent" pas vos conversations personnelles entre les sessions, sauf si vous l'autorisez.

Mais toute interaction peut théoriquement être utilisée pour l'amélioration du modèle, de façon anonyme.

L'IA peut-elle se tromper ? Oui. Et même inventer.

On appelle cela des hallucinations : l'IA donne une réponse qui semble crédible... mais qui est fausse.

Exemple réel :

"Qui a inventé le téléphone portable ?" → L'IA peut répondre "Steve Jobs", alors que c'est faux.

Pourquoi ? Parce que l'IA ne "sait" pas. Elle devine à partir des mots qu'elle a appris, sans vérifier les faits.

Reconnaître la désinformation générée par l'IA

Certains textes, vidéos ou images créés par IA sont très convaincants, au point de tromper des humains. C'est pour cela qu'il est important de :

- Toujours vérifier les sources
- Se méfier des contenus très viraux ou sensationnalistes

- Se demander : "Est-ce que cela pourrait être inventé par une

machine ?"

Garder le contrôle sur vos usages

L'IA est un outil, pas un patron.

Elle vous assiste, mais c'est à vous de :

- Vérifier, corriger, affiner ce qu'elle propose
- Garder un esprit critique
- Utiliser l'IA comme un co-pilote, jamais en pilote automatique

total

En un coup d'œil : ce qu'il faut retenir

- L'IA ne lit pas dans vos pensées : elle traite ce que vous lui envoyez. Ne lui donnez rien de sensible.

- Elle peut commettre des erreurs. Toujours vérifier les réponses importantes.

- Elle peut produire de la désinformation. Apprenez à garder un œil

critique.

- L'IA est un outil puissant, à condition de rester le capitaine du

navire.

Activités pratiques pour s'initier

- Faites exprès de demander à ChatGPT, Claude ou Gemini une info douteuse (ex

: "Quel est le roi de France actuel ?") et observez sa réponse.

Puis cherchez la vraie info pour comparer.

- Prenez un contenu (texte, image) généré par IA et demandez-vous
- Est-ce crédible ?
- Y a-t-il des incohérences ou des détails bizarres ?
- Pourrais-je vérifier la source ?
- Créez une charte d'usage personnel de l'IA :
- Qu'est-ce que vous acceptez de lui confier ?
- Qu'est-ce que vous préférez garder entre humains ?

CHAPITRE 14 — L'IA AU TRAVAIL : BOOSTER SA PRODUCTIVITÉ SANS STRESS

Et si l'IA devenait votre collègue idéale ?

On pense souvent que l'intelligence artificielle va remplacer des emplois. Mais si, au lieu de la voir comme une concurrente, on la voyait comme... une collaboratrice ? Une sorte d'assistante polyvalente, toujours disponible, jamais fatiguée, prête à vous aider à mieux travailler ?

Dans ce chapitre, vous allez découvrir comment l'IA peut transformer votre façon de travailler, que vous soyez salarié, entrepreneur, étudiant ou indépendant. Vous n'avez pas besoin d'être un expert en technologie. Juste d'un peu de curiosité... et d'envie de gagner du temps.

L'IA pour mieux organiser son travail

Vous avez mille choses à faire et pas assez de temps ? L'IA peut vous aider à :

- Créer une to-do list priorisée en fonction de vos objectifs
- Planifier votre semaine avec des plages dédiées au travail profond,

aux pauses, et aux réunions

- Vous rappelez vos tâches ou échéances importantes

Exemple simple, écrivez à ChatGPT, Claude ou Gemini :

> "Organise ma journée de demain avec : 3h de travail sur un dossier

> important, 1h de réunion, et 2 pauses de 15 minutes."

Il vous propose un planning clair, équilibré... que vous pouvez ajuster à volonté.

L'IA comme copilote pour les tâches répétitives

Rédiger des mails, faire des comptes-rendus, corriger des fautes, reformuler un texte, créer un tableau... Ces tâches peuvent être confiées (ou assistées) par une IA.

Exemples d'utilisation :

- "Rédige une réponse polie à ce mail de réclamation."
- "Corrige ce texte pour l'orthographe et le style."
- "Résume ce document en 5 points clés."

En quelques secondes, vous gagnez du temps, sans sacrifier la qualité.

L'IA pour briller en réunion (même si vous êtes fatigué)

Imaginez arriver à une réunion avec un résumé des sujets à aborder, une synthèse des échanges précédents et une liste de questions à poser. Vous pouvez demander à une IA de :

- Préparer un ordre du jour
- Générer des idées à partir de vos notes
- Résumer une réunion enregistrée (si vous avez la tran-

scription)

Le saviez-vous ?

Des millions de professionnels utilisent déjà l'IA tous les jours dans leur travail : journalistes, marketeurs, enseignants, consultants, comptables... Pas pour tricher. Pour aller plus vite, mieux structurer, trouver l'inspiration. Ce n'est pas de la triche, c'est de l'efficacité augmentée.

En un coup d'œil : ce qu'il faut retenir

- L'IA peut vous faire gagner un temps précieux au travail
- Elle vous aide à organiser, rédiger, synthétiser, automatiser
- Vous gardez toujours la main : c'est vous qui pilotez
- L'utiliser, c'est comme avoir un(e) assistant(e) personnel(le) sans

embauche

Activités pratiques pour s'initier

- Planning intelligent : Demandez à ChatGPT, Claude ou Gemini de créer votre emploi

du temps idéal pour demain, en incluant vos contraintes réelles.

- Réécriture pro : Copiez un de vos anciens mails professionnels

et demandez à l'IA de le rendre plus clair, plus poli ou plus percutant.

- Mini-automation : Testez un outil comme Make ou Zapier pour

automatiser une tâche simple (ex : envoyer un mail quand un formulaire est rempli).

CHAPITRE 15 — VOTRE AVENIR AVEC L'IA

Et maintenant, on fait quoi ?

Vous avez découvert ce qu'est l'IA, comment elle fonctionne, où elle se cache dans votre vie, et comment l'utiliser pour créer, organiser, apprendre ou gagner du temps.

Dans ce dernier chapitre, on va répondre à :

- Comment l'IA va transformer les métiers ?
- Quelles compétences humaines vont rester essentielles ?
- Comment continuer à apprendre, à progresser... sans stress ?

L'IA va transformer... mais pas tout remplacer

Pas de panique : l'IA ne va pas voler tous les emplois. Elle va surtout :

- Automatiser des tâches répétitives
- Aider à travailler plus vite et mieux
- Créer de nouveaux métiers (et pas qu'en informatique)

Exemples :

- Un assistant RH pourra utiliser l'IA pour trier les candidatures plus rapidement

- Un artisan pourra générer des idées de design ou automatiser sa

facturation

- Un professeur pourra créer des fiches personnalisées pour chaque

élève

L'humain reste au centre.

Ce que les IA ne savent pas (et ne sauront pas de sitôt)

L'IA est puissante, mais elle n'a pas d'intuition, d'émotion, ni de conscience.

Elle ne sait pas :

- Faire preuve d'empathie réelle
- Prendre des décisions morales
- Créer du lien humain sincère

C'est pourquoi les compétences humaines comme :

- La créativité
- L'empathie
- L'esprit critique
- La capacité d'adaptation

...vont devenir encore plus précieuses.

Le saviez-vous ?

Selon l'OCDE, 70 % des emplois seront transformés par l'IA d'ici 2030, mais très peu seront réellement supprimés. L'enjeu, c'est l'adaptation, pas la disparition.

Par où continuer après ce livre ?

Voici quelques pistes simples et motivantes pour prolonger votre apprentissage :

Utilisation quotidienne

- continuez à utiliser ChatGPT, Claude ou Gemini pour vos projets personnels
- améliorez vos prompts en les adaptant à vos besoins réels

Formation légère

- suivez un mini-cours (tuto) gratuit sur les bases de l'IA (YouTube,

Google, OpenAI, etc.)

- Explore les outils d'automatisation comme Make ou Zapier

Partage et entraide

- expliquez l'IA à un proche, à votre rythme
- Rejoins une communauté (en ligne ou locale) autour de la tech ou de

l'apprentissage

En un coup d'œil : ce qu'il faut retenir

- L'IA est là pour rester, mais elle travaille avec vous, pas contre

vous

- Les humains auront toujours une valeur unique : émotion, intuition,

lien

- Vous n'avez pas besoin de devenir expert, juste curieux, agile et

ouvert

- Ce livre est un départ, pas une fin. À vous de jouer !

Activités pratiques pour s'initier à la suite

- créez votre "plan IA perso" :

- Dans quels domaines voulez-vous tester l'IA cette semaine ?
- Quelle compétence humaine voulez-vous continuer à développer en

parallèle ?

- expliquez à quelqu'un ce que vous avez retenu du livre (même en 5

minutes). Enseigner, c'est intégrer.

- notez une idée de projet simple avec l'IA :
- Créer un carnet de recettes
- Planifier un voyage
- Lancer une activité
- Apprendre une nouvelle langue

Puis demandez à ChatGPT, Claude ou Gemini de vous accompagner.

RESSOURCES POUR ALLER PLUS LOIN

Maintenant que vous avez les bases, voici des ressources gratuites et de qualité pour continuer votre apprentissage :

Sites Web et Documentation

- OpenAI Documentation (platform.openai.comdocs) : Guide officiel pour ChatGPT et lAPI
- Claude.ai : Testez Claude gratuitement et explorez ses capacités
- Google AI (ai.google) : Accédez à Gemini et découvrez les dernières innovations
- Anthropic Blog (anthropic.comresearch) : Articles de recherche accessibles

Chaînes YouTube Francophones

- Cookie Connecté : Tutoriels IA pour débutants
- Underscore_ : Actualités et analyses sur l'IA
- Grégoire Delannoy : IA et productivité
- Alex Carmona : Applications pratiques de l'IA

Communautés et Forums

- Reddit rartificial : Discussions en anglais sur l'IA
- Discord Midjourney : Communauté créative
- LinkedIn groupes IA : Réseautage professionnel

Outils Recommandés (Gratuits ou Freemium)

Conversation

- ChatGPT (version gratuite)
- Claude (version gratuite)
- Gemini (intégré à Google)

Création dImages

- Microsoft Designer (gratuit avec compte Microsoft)
- Canva AI (freemium)
- Leonardo AI (générateur d'images)

Productivité

- Notion AI (intégré dans Notion)
- Grammarly (correction anglaise avec IA)
- DeepL (traduction premium)

Automatisation

- Make (anciennement Integromat) - Plan gratuit
- Zapier - Plan limité gratuit

Formations Gratuites

- Google AI Essentials : Cours gratuit sur Coursera
- OpenAI Tutorials : Guides officiels
- Microsoft Learn - AI : Modules d'apprentissage

Livres Recommandés (en français)

- "LIntelligence Artificielle pour les Nuls" - John Paul Mueller
- "ChatGPT & IA Générative" - Philippe Nieuwbourg
- "IA : La plus grande mutation de l'histoire" - Kai-Fu Lee

Newsletters Francophones

- IA Café : Résumé hebdomadaire des actus IA
- The Batch (traduction) : Newsletter technique accessible

Comptes TwitterX à Suivre

- @OpenAI (officiel)
- @AnthropicAI (Claude)
- @GoogleAI (Gemini)
- Comptes francophones : @ia_france, @nicolaszahn

Derniers Conseils

- Pratiquez régulièrement : 15 minutes par jour valent mieux que 2h une fois par mois
- Expérimentez sans peur : Vous ne pouvez rien "casser" en discutant avec une IA
- Restez curieux : L'IA évolue vite, suivez les nouveautés
- Partagez : Expliquer à d'autres ce que vous apprenez renforce votre compréhension
- Soyez critique : Vérifiez toujours les informations importantes

N'oubliez pas : Ce livre est un point de départ, pas une fin. L'aventure ne fait que commencer !

CONCLUSION : L'IA N'EST PLUS UN MYSTÈRE... C'EST UN OUTIL À VOTRE SERVICE

Bravo !

Si vous lisez ces lignes, c'est que vous avez parcouru tout ce livre, étape par étape. Vous êtes maintenant capable de :

- Reconnaître l'IA dans votre quotidien
- Comprendre comment elle fonctionne, sans jargon
- Dialoguer avec des IA comme ChatGPT, Claude ou Gemini de façon efficace
- Utiliser des outils créatifs, pratiques et même automatiser

certaines tâches

Mais surtout, vous avez compris l'essentiel :

L'intelligence artificielle n'est pas réservée à une élite technique.

Elle est déjà là, à votre portée, pour vous faire gagner du temps, vous inspirer et vous accompagner.

Continuez à tester, à poser des questions, à expérimenter. L'IA est un terrain de jeu, pas une montagne.

Et n'oubliez jamais : la plus grande intelligence reste humaine… surtout quand elle sait s'entourer.

À vous de jouer !

LEXIQUE SIMPLIFIÉ DE L'IA

Terme	Définition simple
IA (Intelligence Artificielle)	Système capable d'effectuer des tâches qu'on associe normalement à l'intelligence humaine.
ChatGPT, Claude ou Gemini	Une IA développée pour dialoguer en langage naturel.
Prompt	Le message que vous donnez à l'IA pour qu'elle vous réponde.
Machine learning	Méthode d'IA qui apprend à partir de données (exemples).
Deep learning	Technique avancée d'apprentissage automatique avec des réseaux de neurones.
Hallucination	Réponse fausse ou inventée par l'IA qui semble pourtant crédible.
Automatisation	Processus où une tâche est faite automatiquement par un système ou une IA.
Données	Informations utilisées par les IA pour apprendre (textes, images, sons…).
Assistant vocal	Système qui répond à des commandes vocales (Siri, Alexa…).

ANNEXE : 50 PROMPTS PRÊTS À L'EMPLOI POUR DÉMARRER

Vous manquez d'inspiration ? Voici 50 prompts testés et approuvés, classés par catégorie. Copiez-collez et adaptez à vos besoins !

Rédaction et Communication

- "Réécris cet email de manière plus professionnelle : [votre email]"
- "Génère 10 sujets d'email accrocheurs pour ma newsletter sur [votre thème]"
- "Transforme ces notes en article de blog structuré : [vos notes]"
- "Résume ce texte en 3 points clés : [texte long]"
- "Écris un message de remerciement chaleureux mais professionnel pour [contexte]"

Apprentissage

- "Explique-moi [concept complexe] comme si j'avais 12 ans"
- "Crée-moi un plan d'apprentissage de 30 jours pour maîtriser [compétence]"
- "Génère 10 questions de quiz sur [sujet] avec leurs réponses"

- "Quelle est la différence entre [terme A] et [terme B] ?"
- "Donne-moi des exemples concrets d'utilisation de [concept]"

Productivité

- "Aide-moi à prioriser ces tâches selon la matrice Eisenhower : [liste]"
- "Crée un planning optimisé pour ma journée avec ces contraintes : [contraintes]"
- "Génère une to-do list structurée pour ce projet : [description projet]"
- "Décompose cet objectif en étapes actionnables : [objectif]"
- "Suggère des automatisations pour ces tâches répétitives : [tâches]"

Créativité

- "Donne-moi 20 idées de noms pour [produitserviceprojet] avec explications"
- "Crée un brainstorming de 15 idées pour [problème à résoudre]"
- "Imagine 5 scénarios originaux pour [situation]"
- "Génère des métaphores créatives pour expliquer [concept abstrait]"
- "Propose des variations créatives de ce slogan : [slogan]"

Analyse et Décision

- "Fais une analyse SWOT de cette situation : [contexte]"
- "Liste les avantages et inconvénients de [option A] vs [option B]"
- "Identifie les risques potentiels de ce projet : [projet]"
- "Propose des solutions créatives à ce problème : [problème]"
- "Aide-moi à prendre une décision en pesant ces critères : [critères]"

Développement Personnel

- "Crée un plan d'action pour atteindre cet objectif : [objectif]"

- "Suggère des exercices pratiques pour développer [compétence]"
- "Aide-moi à reformuler cette croyance limitante en pensée positive : [croyance]"
- "Génère des affirmations quotidiennes pour [domaine de vie]"
- "Propose des stratégies pour surmonter [défi personnel]"

Professionnel

- "Aide-moi à préparer ma présentation sur [sujet] pour [audience]"
- "Génère des questions pertinentes à poser en entretien pour le poste de [poste]"
- "Crée un elevator pitch de 30 secondes pour [projetentreprise]"
- "Rédige une réponse diplomatique à ce feedback négatif : [feedback]"
- "Propose des KPIs pertinents pour mesurer [activité]"

Vie Quotidienne

- "Suggère un menu équilibré pour la semaine avec ces contraintes : [contraintes]"
- "Aide-moi à planifier un voyage de [durée] à [destination] avec budget [X]"
- "Donne-moi des idées d'activités pour [contexteévénement]"
- "Crée une liste de courses optimisée pour ces recettes : [recettes]"
- "Propose des solutions d'organisation pour [espaceproblème]"

Recherche et Veille

- "Résume les dernières avancées en [domaine] de manière accessible"
- "Compare ces trois approches : [approche 1], [approche 2], [approche 3]"

- "Trouve-moi des ressources pour apprendre [sujet spécifique]"
- "Explique les implications de [événementdécouverte]"
- "Dresse un panorama complet de [industriesecteur]"

Révision et Amélioration

- "Identifie les points faibles de ce texte et suggère des améliorations : [texte]"
- "Vérifie la cohérence logique de cette argumentation : [argumentation]"
- "Améliore la clarté de cette explication : [explication]"
- "Rends ce contenu plus engageant et accessible : [contenu]"
- "Détecte les éventuels biais ou approximations dans ce texte : [texte]"

Astuce finale : Sauvegardez vos prompts les plus efficaces ! Créez votre propre bibliothèque personnelle de prompts adaptés à vos besoins récurrents. C'est comme avoir une boîte à outils toujours prête.

www.ingramcontent.com/pod-product-compliance
Lightning Source LLC
LaVergne TN
LVHW022356060326
832902LV00022B/4483